Ugo Zinzeri

100 POESIE D'AMORE
TRA PASSIONE E TORMENTO

Youcanprint *Self-Publishing*

Titolo | 100 Poesie d'amore tra passione e tormento

Autore | Ugo Zinzeri

ISBN | 978-88-91193-35-3

© Tutti i diritti riservati all'Autore

Nessuna parte di questo libro può essere riprodotta senza il preventivo assenso dell'Autore.

Youcanprint Self-Publishing

Via Roma, 73 – 73039 Tricase (LE) – Italy

www.youcanprint.it

info@youcanprint.it

Facebook: facebook.com/youcanprint.it

Twitter: twitter.com/youcanprintit

1. Amore virtuale!

L'attesa di un silenzio assordante di fb,
lacera l'aria portando dentro me
nostalgia solitaria di una voce
mai ascoltata.
Portata avanti da un amore virtuale
di pensieri infiniti, di onde desiderate
in tutta la loro franchezza.
Dolci canzoni dedicate in tutta
la loro potenza musicale,
di piccole note suonate e cantate.
Il pensiero corre veloce verso te,
dove il percorso è lontano
e il tempo ci separa.
Tu, dolce angelo, padrona
del tuo mondo, dove io posso
entrare soltanto come amico,
tenendo dentro me soltanto te,
mio amore virtuale!

2. Due anime amiche!

Due spiriti, due anime che s'incontrano'
inquieti, potenti, sulle onde di un cielo sereno
si lasciano cullare dal vento duro e violento,
ricche di sensazioni, emozioni.
Anime che si assomigliano,
una lunga linea diretta,
percepita dal cuore,
dalla sintonia delle menti
si connettono tra di loro.
La nostra amicizia si rafforza,
aprendo lo scrigno del cuore
confidando i propri segreti,
le proprie gioie, i propri dolori.
Si condividono sogni emozioni,
siamo uniti l'uno all'altro.
Cerco la tua presenza,
tu cerchi la mia,
i nostri saluti, i nostri abbracci infuocati,
i nostri baci, le nostre condivisioni.
Non vogliamo legami,
nessun giuramento, solo il piacere,
della nostra compagnia!

3. Sognando

Si cerca nel sonno il sogno migliore,
lo tieni stretto stretto
lo culli con amore e quando ti svegli,
lo ricordi col cuore.
Camminando ci pensi,
socchiudi gli occhi e lo rivedi,
segui quella strada indicata dal sogno,
raggiungi la vetta e vedi il mistero,
il mondo che gira, anime vagante,
Caronte le raccoglie e le trasporta,
le ruote del carro,
crepitante sulle pietre
e il destino guida verso il nulla infinito.
Cerchi di afferrarlo ma sfugge
dalle mani, si cerca una scorciatoia,
pian piano affievolisce,
diventa una nube,
restano frammenti di un mosaico
mai finito, si dilegua lentamente,
la realtà t'investe,
era tutto un sogno!

4. I nostri cuori

Quando mi darai il tuo cuore,
lo custodirò gelosamente,
lontano dalle intemperie della vita.
Mi farò fare un intervento chirurgico,
lo farò mettere accanto al mio,
così sentendoli battere insieme,
saprò che non ci sarà via d'uscita.
Nella fragilità del mio cuore,
il tuo lo sosterrà con amore,
sarà dentro di me chiuso
in un forziere colmo di gioia.
Non sarà in una scatola di cristallo
che alla prima caduta si frantumerebbe,
ma continuerebbe a stare vicino al tuo
fino alla fine dei giorni..... E oltre!

5. Momento magico

Ogni attimo è vita,
ogni momento è magico,
quando siamo insieme e
le nostre anime si possono amare.
Lascia che la mia passione
possa avvolgerti,
lascia che il mio corpo
si unisca al tuo,
i nostri silenzi saranno
parole senza fine.
Le mie mani accarezzeranno
i tuoi capelli con dolcezza,
sfiorerò le tue labbra,
così sensuali e melodiose.
Coi miei baci, assaporerò
la freschezza del tuo viso,
come un fiore appena germogliato,
perdersi in un turbine voluttuoso
nella profondità della notte.
Dolci parole sussurrate,
dolci sguardi mielosi
che sanno ammansire,
come l'innocenza di un bambino,
un bacio sulle labbra
che stanno scoprendo l'amore,
tremanti, frementi,
che hanno sospirato
che affannosamente
hanno vibrato.
Un bacio profondo come
il firmamento nel cielo infinito,

mille carezze su ogni
centimetro del tuo corpo,
e in quel letto avvinghiati,
in un unico alito di vita.

6. Non saremmo lì

Se non ci fosse la spiaggia,
non ci sarebbe il mare,
Non saremmo lì ad ascoltare
le onde, il canto della brezza
che scompiglia i tuoi capelli,
o l'allontanarsi del peschereccio
Allontanandosi sempre di più
dalla riva.
Non scruteremmo l'orizzonte
desiderando di vedere cose nuove,
non saremmo sulla spiaggia
a scrutare il cielo all'imbrunire
per vedere le stelle cadere,
o una cometa con la sua lunga coda
lasciando una scia luminosa.
Non saremmo lì rannicchiati,
abbracciati per riscaldarci
dall'umidità del mare.
Non saremmo lì a coccolarci
con tenere carezze,
con semplici e dolci baci.
Non saremmo lì a sentire
le nostre vibrazioni
che s'intrecciano d'amore,
non saremmo lì!

7. Pensandoti

Non so cosa tu possa pensare,
di sicuro so che non riesco a non pensarti.
Ti ho cercata tutta la vita,
adesso che ti ho trovata,
scopro che c'è solo silenzio.
Cercavo il tuo volto nella luce,
ma ho trovato il buio.
Scrivo poesie, mi da speranza
 a volte allegria,donandomi
frammenti di gioia con esplosioni
di allegria.
Ho soltanto la fede e la speranza,
pregando dio ogni momento,
chiedendo di spegnere,
ogni mio tormento.
Ma sono solo parole gettate al vento
che tornano al cuore piangendo!

8. La speranza del cuore

Un cuore innamorato,
inciampa e cerca un appiglio,
cade ma se è forte si rialza.
La terra trema è ascolta il suo boato,
ascolta la tempesta nel suo furore,
il mare in burrasca nel suo fragore.
La vita ti perseguita,
ma il coraggio ti sostiene,
non bastano fiumi di lacrime
per far germogliare
l'amore in un deserto.
Esso si attacca ad ogni speranza,
si sazia ogni momento del tuo
saper dire,
cammina ogni giorno
con il suo fardello,
finché non avrà capito,
che ormai è tutto finito!

9. Tu non ci sei

Se posso vederti,
è perché nel cielo,
si è accesa una stella.
se ora ascolto i tuoi silenzi,
è perché ascolto il vento.
Sei sparita e non mi scrivi più,
i tuoi messaggi,
attendo con impazienza,
passano i giorni e tu non ci sei,
conto le ore, i minuti, i secondi,
ma tu non ci sei e non so dove cercarti.
Abbiamo scalate le ore coi
nostri discorsi,
abbiamo tirato mattina
parlando d'amore,
abbiamo raggiunto la sintonia
dei nostri pensieri.
Abbiamo volato nei sogni
per incontrarci,
sto annegando
nell'oblio dei ricordi,
lento a morire,
non ho più parole,
non ho più sorrisi.
Trattengo a stento le lacrime,
sarò crudele con me stesso,
mi convincerò che non è
successo niente,
ma tu non credermi
perché sai che sei sempre
nel mio cuore!

10. L'amor non ha età

L'amor non ha età,
se pur lontana sei così vicina,
dentro di me, nei miei pensieri.
Il mio alito non smuoverà
i tuoi capelli,
la mia mano,
non sfiorerà la tua pelle,
le mie labbra non si poseranno
sulle tue.
Fra venti e stelle cadenti,
affiderò le mie parole,
dall'alta di una cima,
griderò il tuo nome,
e l'eco mio amico,
le ripeterà all'infinito.
curerò questo sogno,
come un fiore appena nato,
stille di lacrime le bagnerà
ogni momento,
le darà forza e vigore,
finché all'orizzonte,
non vedrai il mio amore.

11. Mi manchi intensamente

Sto avvolto nei miei pensieri,
tutto intorno a me non esiste,
estraniato dalla realtà del presente.
Le voci le sento lontano,
assorto come sono,
potrebbe cascare il mondo
che non me ne accorgerei.
Mi scuotono per togliermi
da quel torpore, continuo
a convivere con la nostalgia
del tuo sorriso, delle tue
calde parole dei tuoi occhi
penetranti.
Mi manchi come l'aria che respiro,
come l'acqua fresca del mattino,
come il sole che riscalda,
come l'infinità del mare.
Mi manca il desiderio di parlare con te,
le piccole frasi maliziose che
fanno sorridere e mi chiudo
in me stesso pensandoti intensamente.

12. Vorrei essere

Vorrei essere l'aria che respiri
per essere sempre dentro di te.
Vorrei essere il pane che mangi
quotidianamente per darti la forza
Che ti abbisogna.
Vorrei essere l'acqua cristallina
che bevi per depurare e dissetare
il tuo corpo.
Vorrei essere l'onda che ti culla
in un mare di certezza.
Vorrei essere quel ricordo
che sopprime la solitudine.
Vorrei essere il sole che ti riscalda
o il vento che ti accarezza.
Vorrei essere quel sogno
che lenisce le cicatrici di chi desidera.
Vorrei essere aggrappato a te
nella speranza di riaverti ma,
rimane un illusione ormai morta!

13. Lei

I tuoi biondi capelli accarezzati dal vento,
un mistico sorriso intona il tuo viso,
lo sguardo un po assente pensieroso,
le labbra voluttuose, carnose,
rosse come le ciliege così vogliose,
da non volere mai smettere di baciare.
Il tuo corpo con movenze sinuose
nel tuo cammino, c'è l'alterigia di una
donna che sa quello che vuole,
il tuo carattere come il mare,
a volte sereno, a volte impetuoso.
Tu così piena di bellezza che come
Venere fai impazzire gli uomini,
solo a guardarti, provoca
dipendenza e ognuno pende
dalle tue labbra sperando,
ma nello stesso tempo rassegnato.
Invidierò l'uomo che prenderà
il tuo cuore,
il mio cuore sarà trafitto
e resterà esanime e sconfitto!

14. Chiamami amore

Non perdere l'occasione di amare
se ti offro il mio cuore, non lasciare
che le mie lacrime si mischiano
con la pioggia, fa che il mio
desiderio d'amare non venga rubato
dal dolore e dalla solitudine.
Lascia che si apra il tuo cuore
e senza riserve incominci ad amarmi.
Fa che io possa appoggiare il mio
capo sul tuo seno, fremere
delle tue carezze, inebriarmi
coi tuoi baci, entra nei miei sogni
e fa che sia dolce il mio dormire.
Non esitare di questo mio desiderio,
la vita è breve è va vissuta,
germoglia lentamente e affonda
Sempre più le sue radici.
Non fartelo scappare, grida
forte al vento il mio nome
in modo che possa raggiungere
il mio cuore, tu chiamami forte,
Amore!

15. A Ludovica

Mi son lasciato cullare dai sogni
a volte erano violenti e cercavo
di svegliarmi, a volte dolce e soave
invocavo il tuo nome Ludovica.
Lasciavo che Morfeo prendesse
fra le sue braccia le mie ossa stanche,
Inquietante fremevo e mi beavo
del tuo profumo inebriante,
Ti amavo con l'anima tremolante,
e sospiravo sul giaciglio
Inondato di sudore, così
maliziosamente sospirato.
Nessuna distanza ci divideva,
Ma tutto si perdeva all'apparire
Del sole.

16. La tristezza

Spinta a fatica dal corso della vita,
niente cambia e tutto ti divora.
Oltre la carne,
lacera l'anima lasciandola
nell'oblio dell'orrore,
rimane lo sconforto assai nutrito,
dei desideri ormai assopiti
da una tristezza infinita.
Ora il vuoto si impadronisce
prorompente,
diventando sempre più assoluta.
Arriva solitaria tristezza,
con ricordi struggenti,
ricca di desideri mai avverati.
Ormai è diventata costante compagnia,
fin quando si affianca la malinconia,
coppia perfetta che distrugge il cuore
di chi ha tanto amato
e che continua ad amare!

17. Nel tuo ricordo

Vivo nel tuo ricordo,
notte passate insieme
col tempo che volava e non
ce ne accorgevamo.
Si parlava di tante cose,
a volte serie a volte futili,
a volte di sogni mai avverati,
a volte di segreti nascosti,
di gioie e dolori delle nostre
emozioni.
Il tempo passava e non ce ne accorgevamo,
ora tutto e passato,
non senti più la voglia di ascoltarmi.
Ho sempre atteso ma per me non ci sei più
ed io continuo a vivere nel tuo ricordo
Chiedendomi ogni istante il perché!

18. Sogni o incubi

Nascoste ombre si aggirano nel dormire,
incubi o sogni non si può dire,
cambiano i momenti del dolce dormire
in quelli irrequieti, torbidi, di cui trarre
le paure sommerse o visioni d'amore.
Le turbe dell'anima escono fuori
il dubbio lacera il tuo dolce dormire.
Attimo cangiante il sogno a cui aspiri,
la luce in fondo al buio su ali tremanti
raggiunge il sereno di un cuore amante.
Raccolgono le gioie del sole lucente,
riscaldano i cuori assecondano i sensi,
sogni, visioni o tormenti fan parte
delle lunghe notti dei sognatori,
che non ha pudore uniti in un solo cuore.

19. Anima ferita

Nella notte si aggira la mia anima ferita,
vagante nell'oblio in attesa,
sin quando
Il mio cuor non sarà sazio,
del sogno ormai disperso,
della fantasia
di una colpa mai commessa,
gesto vigliacco di un silenzio
assai lontano.
La lealtà non ti si addice,
del voler tuo decidi
del cuor attonito,
ormai ferito.
Ti ho cercato ovunque
nella notte oscura,
tra mille pensieri
e mille desideri.
È bastato un attimo
innamorarmi di te,
ci vorrà una vita dimenticarmi di te!

20. La tristezza nel cuore

La realtà spinge ad essere tristi,
sola compagnia lugubre affollata
da mille pensieri che si intrecciano
tra loro lasciando squilibri d'umore.
Il cuor mio lacrime versa su ogni
pensiero si riversa, trafitta ogni istante
l'anima mia inquieta che ormai sollievo
non apprezza.
Il fato perverso si accanisce a
una vita priva di eventi lieti chi ha
sempre dato e mai avuto, or la ragione
suggerisce al grande dolore
della sua vita, di porre fine alla
passione che per le sue colpe
ha distrutto con codardia,
sbattendo la porta a l'onore
della sua famiglia inorridita
 tradita.
Il futuro fugge silenzioso
da antiche e nuove colpe
creando una coltre di dissapori.
Lacrime ho pianto per te,
il cuore colmo di dolore
dice basta con rancore!

21. Il silenzio

Un sordo fragore intenso
si sente nell'aria appesantita
dall'attesa: è il silenzio,
mostruosamente pesante,
privo di anima,
un vecchio dolore
che emerge assordante
nel mio cuore che aspetta
quel fievole respiro della vita
che solo tu sai dare.
Aspettando che la scia
dei nostri pensieri diventano
parole, frasi che nel tempo
aspettano di esser dette.
Ma tu mi sfuggi, mi eviti,
qualcosa è cambiato dentro di te,
non hai il coraggio di dirlo
e lasci dentro me un fuoco
che brucia e mi divora.
Il tuo silenzio mi opprime,
mi assorda come il fragore
di un tuono, tu universo lontano
in un infinito cielo, tu oltre l'orizzonte
col cuore pieno di silenzi,
calpesti la mia anima e non te ne accorgi
lasciando in me un velo di tristezza
che se pur di antico pelo so amare.
senza false illusioni, senza promesse
d'amore, stai giocando col mio cuore,
lo afferri e lo affondi nel mare eterno,
eppur non chiedo niente,

il mio tempo è passato, chiedo
soltanto di dar voce al tuo silenzio,
col rispetto che mi è dovuto
di chi ti ha sempre voluto bene!

22. Perdono

Non mi rimane che chiederti perdono,
afflitto nell'anima col rimorso che
Mi attanaglia, dure son state
le mie parole incoscienti in un attimo
di sgomento.
Son lacrime salate che sgorgano sul mio viso,
misto a singhiozzi di labbra seccate,
se quell'attimo di delusione,
fosse passato in fretta come
uno schiaffo ricevuto o lo
schiocco di un bacio, non sarebbe
restato l'amaro o il patema d'animo
della coscienza mia.
Puniscimi perché ti amo,
vorrei tornare indietro perché
son sicuro che ti tratterei con
molta cura, quell'equilibrio che
c'era tra noi, spero che del tutto
non sia saltato e una promessa
di pace, sperando che io sia
perdonato.

23. La tua anima

La tua anima è racchiusa nei tuoi occhi,
quando ti guardo la vedo, un unico
pensiero, un unica emozione, nel tuo
sguardo posso ammirare la tua anima,
attraverso l'amore che mi lega al
tuo cuore e col mio sguardo
accarezzo la tua anima.
Quando sentirai la brezza del mare
accarezzare il tuo viso, non avrò
bisogno di parole perché esso ti
racconterà del mio amore, cerco
solo il sapore della felicità che
solo tu mi puoi dare, perché quello
che cerco da una vita, solo tu me
la puoi dare, ho visto il cuore della
tua anima infinita saggezza di beltà.
Amo te senza pretese, amo te quando ridi,
amo te quando non ti comprendono,
perché, solo l'amore può guardare
nel profondo della tua anima.

24. Pensami

Quando i tuoi pensieri sono negativi,
pensami io sono con te.
Quando lo sconforto ti attanaglia, pensami,
io sono con te a consolarti.
Quando una lacrima ti solca il viso,
pensami, io coi miei baci li asciugherò.
Quando il freddo ti farà tremare tu pensami,
il mio amore ti riscalderà.
Quando vedrai tutto grigio, descrivi
i colori della vita, sarò lì a darti una mano
a colorare.
Se l'amore ti fa soffrire e piangerai,
pensami sarò li a piangere con te.
Se nei momenti di tristezza, la musica
non ti placherà, pensami, ho composto
Un opera per te.
Se le cattiverie del mondo ti faranno soffrire,
pensami la mia mano ti accarezzerà i capelli
dandoti conforto.
Quando il tormento sarà pesante, pensami,
sarò il tuo raggio di sole che ti ispirerà
l'armonia nel tuo cuore.
Quando il tuo cuore sarà freddo come il marmo,
pensami, sarò con te a scioglierlo e ammorbidirlo
con la mia passione.
Se le vie infinite della vita, ti faranno
perdere la via, pensami sarò la tua stella guida.
Se ti senti sola abbandonata,
urla il mio nome al vento ed io di corsa
arriverò a sostenerti.
Quando crederai che la tua vita non è

servita a niente, pensami e capirai la forza
che mi hai dato nell'amarti.
Quando a letto andrai e ti addormenterai,
sognami e nei tuoi sogni vivrai.

25. Il mio cuore

Usciva il mio cuore e andava altrove,
si fermava per un pò e continuava
il suo tragitto, a volte si fermava
più del dovuto, poi riprendeva,
ogni volta che si fermava, rimaneva
ferito.
Imperterrito continuava ed ogni cuore
che trovava, le ferite si rimarginavano,
intanto il tempo passava, col passar
degli anni sempre più si affaticava,
le speranze diventavano fievole
e quasi nella rassegnazione.
Uno squarcio di luce si aprì
quella notte, lì i nostri cuori
si sono incontrati, da allora,
ti ha riservato uno spazio speciale.
Nel labirinto della vita,
due cuori se pur lontani
si son trovati!

26. Ti ho cercata

La bruciante realtà è credere
a un nuovo amore, quel sogno
mi pare non averlo mai lasciato,
guardavo il mare e dietro vedevo
il tuo viso, l'illusione di un orizzonte
senza fine, guardavo i tuoi capelli
scompigliati dal vento, i tuoi occhi
si confondevano con l'azzurro mare,
ed io guardavo oltre l'infinito.
T'ho cercata tra le onde del mare,
in bilico sul dorso di un delfino,
t'ho cercata tra le stelle,
ho percorso la via lattea,
ma tu come una cometa ti allontanavi
di più, ho chiesto con un sussurro
al vento dove eri, mi ha risposto
cercala nei tuoi sogni, cercala
tra la folla, la troverai in ogni
sorriso che incontrerai!

27. Canto d'amore

Ti parlo d'amore col cuore in mano,
ti offro la mia anima in pegno d'amore.
Mi nutro dell'ossigeno del tuo respiro,
arrivano in me i tuoi pensieri sussurranti,
frutto di una sintonia assimilante, un
contrasto di luci, di desideri bramanti,
labbra ricurve in teneri baci traboccanti
di ossigeno per le nostre anime.
Vivere emozioni di fuoco, di passioni
folgoranti, il cuore si attanaglia alla
gola palpitante come non mai,
i brividi percorrono la nostra pelle,
tremolanti le mani al contatto.
Una magica fiaba scolpita nel tempo,
le nostre anime fuse da calorosi
abbracci, questo sono io, bramante
del tuo amore, speranza assai lontana
che coccola il tempo, speranza di vita.

28. È l'amore che...

Toccare il cielo con un dito sapendo
che è l'amore che riesce a fartelo fare.
Salire in cima a una montagna sapendo
che è l'amore a fartelo fare.
librarsi involo nel cielo infinito
sapendo che se cadi è l'amore
che ti prenderà.
Aumenta il ritmo del cuore e l'ansia
che cresce nell'anima sapendo che
è l'amore che te lo fa fare.
Il tumulto che aumenta facendoti balbettare
sapendo che è l'amore che te lo fa
Fare.
sognare sul letto il mare d'inverno,
con grandi scogliere coralline a
prendere il sole, è l'amore che te lo fa fare.
Essere cosciente che essa è giovane
e la felicità è raggiungibile è l'amore che
te lo fa fare.
Nella vita terrena è raro raggiungere
il paradiso ma è l'amore che ti porta
alle porte della felicità.
È l'amore che te lo fa fare!

29. Amandoti

Si apre all'amore la mia anima,
al tepore della tua pelle che
riscalda il mio cuore.
Danzano i pensieri nei meandri
della mente, portando alla luce
il ricordo del primo bacio,
dato per gioco, non certo
per amore ma, così tenero
da rimanere impresso.
Dolci sono le tue labbra,
inebriante il profumo della
tua pelle, soave il suono
della tua voce.
Sul tuo viso la verità del
tuo amore, negli occhi illuminati
vedo la tua anima innamorata
ed io mi sazio dei tuoi baci e recido
le ali che da te mi allontana.
Non sarò dormiente ma ti bacerò
tra i rumori della gente
e il tuo tocco delicato riempie
di brividi la pelle mia come il suono
di una melodia.
Il vizio di amarti non l'ho perso e mai
lo perderò ma di sicuro nel cuore
per sempre ti avrò.

30. Tutto è poesia

Dai più profondi sentimenti,
pesco e riempio righe di parole.
Come un fiume in piena riverso
sul foglio le mie emozioni.
Come il germoglio di un fiore,
la nascita di un amore,
il vagito di un neonato,
lo sferzare del vento,
porta dentro di me un
Sentimento di contemplazione.
Le angosce, i dolori, le gioie,
nascono dal cuore.
I tormenti d'amore,
le notte insonne,
gli antichi ricordi,
tutto è poesia e poi
ci sei tu che ti ho nel cuore
e mi ispiri con tanto amore!

31. Canto Triste

Cantavo assai triste dell'amore
che al mio cuore era negato,
il ricordo del suo viso era gradevole
ma opprimente nel vuoto del suo silenzio.
una rosa giÀ sbocciata da tempo
germogliata, il tuo pensiero cosÌ
assiduo È pieno di luce a volte
mi consolava,a volte mi rattristava.
solingo nell'intimo dell'amore
cercavo il mio rifugio, ma non mi
fu permesso, il tuo cuore
a un altro era donato e di te
sol del tuo sorriso mi accontentavo.
in nuovi approdi cerco una compagna
che la mia tristezza consolasse,
cerco il tepore di un nuovo amore,
che possa far spazio nel mio cuore,
vorre che cadesse quel muro che
ci divide, che si aprisse quella porta
che ancor chiusa non fa passare
il mio cuore per descriverti
il mio amore.
il mio canto assai triste si espande
e cerca disperatamente di essere
ascoltato da chi È sorda al mio
richiamo!

32. La tua assenza

Io penso e ripenso alla tua assenza,
l'angoscia che provo non si commenta,
mi chiedo e mi richiedo in cosa ho sbagliato,
attendo dal tramonto all'alba un tuo
riscontro, ma nulla avviene.
La tua immagine è dentro di me,
incalzante in ogni suo pensiero,
sento la pesantezza della mia anima,
così assorbita dalla tua lontananza,
si sta spegnendo pian piano
in logoranti attese.
cerco di scrollare dalle spalle
la malinconia che mi assale
cercando motivi nuovi da seguire,
ma un posto vuoto rimane sempre
che con la speranza venga colmata.
Il tramonto coperto da nubi, dà
il triste ritorno all'alba grigia
ricoperta da pianti, non è
rugiada ma solo nebbia che
ha invaso la mia anima lasciandola
in un tormento senza fine!

33. Il sapore dell'amore

Gli occhi brillano nel vederti ,
la bocca s'incurva in un sorriso,
titubante si aspetta il suono
delle parole, ma un nodo in gola
opprime quel momento.
Le fantasie tante agognate,
erano a un passo,pronte a
esplodere con tutta la passione
repressa dalla lontananza.
Un brivido percorre tutta la schiena,
la mano tremante si allunga
nel sfiorare il viso, le bocche
si cercano frementi è magico
l profumo e il momento
di quell'istante.
Cresce la voglia tanto attesa,
l'unione abbaglia seguita dal ritmo
dei gemiti, antica espressione
dell'amore.
I corpi si avvinghiano,gli spiriti
si uniscono, le parole non servono,
le anime diventano tutt'uno
e dalle viscere sale il sapore
di un amore tanto atteso
e agognato!

34. Sei tu

Non riesco più a pensare, un solo pensiero
martella la mia mente, sei tu!
Se chiudo gli occhi, ho una sola visione,
sei tu, sento un profumo nell'aria,
lo riconosco è il tuo, ho forti sensazioni
di presenza in una stanza vuota, sei tu.
Steso sul mio letto, guardo il buio ,
vedo una piccola lucina, cerco di
guardare profondamente, si fa più
chiara, sei tu.
Non connetto,il tuo viso lo vedo
ovunque e mene compiaccio,
attendo con ansia che ti connetti
col pc, non vedo l'ora di poterti dire
quanto mi manchi,di assaporare
le tue dolci parole,di ridere insieme,
di raccontarci i fatti del giorno,
di assaporare le ore della notte,
noi due soli, così lontani col corpo,
così vicini con la mente, perché
il mio amore sei tu e nessuno più!

35. Il vero amore

La persona che ami, ti fa brillare gli occhi
e far battere il cuore,se l'amore è reciproco,
toglie la malinconia e cresce l'amore.
La semina avviene con un sorriso d'intesa,
una dolce parola, un disegno di due cuori
sovrapposti, il canto di un cigno, un raggio
di sole.
Si parla per ore, ogni argomento è buono,
si fa tardi ma è sempre presto per lasciarsi,
quando l'alba coi suoi bagliori ti induce a lasciarsi,
lo fai con rancore verso il tempo traditore.
Come il germoglio di un fiore cresce
pian, piano, s'insinua dolcemente e non
ti fa dormire, la mente ha un pensiero solo,
l'attesa diventa un tormento, il corpo si dilata
quando torna la sua voce e con voce roca,
singhiozzando lei dirà< Ti Amo!>

36. Voglio dirti ti amo

Il mio cuore era arso da tanto tempo,
è bastata una scintilla per riaccenderlo,
è sei stata tu dolce amore è ho scolpito
nel mio cuore il tuo nome.
Ho scritto t'amo in tanti posti, ho affidato
il tuo nome al vento per portarti il mio
messaggio, ma le montagne l'han fermato.
Ho scritto tanti fogli quanto ti amo,
le ho messe nelle bottiglie e le ho affidate
al mare sperando che il mio messaggio ti arrivi.
Intanto navigano nel mare senza fine,
ho cavalcato un arcobaleno per raggiungerti,
ma cambiava orizzonti tenendomi distante.
Ho scritto un messaggio l'ho dato a un
piccione, ma è stato fermato da un airone,
rimane il mio pensiero che possa giungerti
con un fischio all'orecchio e dirti : ti amo :

37. Il contrasto

Il continuo contrasto tra il cervello e il cuore,
il cervello razionale, il cuore incosciente,
una lunga battaglia dove la ragione non prevale,
alla fine prevale la ragione dopo una sonora
sconfitta del cuore.
Dopo un po che si è pianto con lacrime amare,
il cuore ci ricasca non ascoltando la ragione
del cervello,indomito in cerca dell'amore anche
se nel profondo sa, che potrebbe ancora
rimaner ferito.
L'illusione la fa da padrone che come
il miele attira il cuore, dolce parole melliflue,
interpretate male portano illusione
e frustante la cruda realtà.
Intanto il cervello incamera e cerca di persuadere
il cuore a non commettere lo stesso errore,
il cuore se pur raggiunto dallo schiaffo
dell'illusione, se pur ferito dalla sfacciata
verità, continua ad amare senza pudore!

38. Il tuo volto

Ho visto sulla tua foto
la tua pelle liscia è vellutata,
le tue labbra carnose e sensuali,
la tua bella presenza col volto incorniciato
dai tuoi capelli biondi setati.
Nella mia vita ho rincorso traguardi
ma, l'unico traguardo che vorrei raggiungere sei tu.
Ho volato coi miei pensieri
per dirti quanto ti amo,
ho scolpito nel mio cuore il tuo nome,
ho impresso nella mente il tuo viso,
ho commentato le tue parole con amore,
le ho racchiuse nel mio cuore.
Il tempo passa e chissà se ci vedremo,
odio il tempo così distante,
odio i kilometri che ci separano,
ma in cuor mio ringrazio dio che se pur distante,
ora ci sei tu che il mio cuor riscaldi.
Se un giorno non ci sarò più,
ti amerò ancor di più
in una vita oltre la morte.

39. La felicità vista da me

La felicità è divorarti di baci,
Danzare con te sotto la pioggia,
Giocare come bambini e ridere
forte al vento e cercare di
contare le stelle dando un
nome ad ognuna.
Cantare a squarciagola con
l'eco che ripete, correre a
perdifiato sulla spiaggia e
spruzzarsi l'acqua del mare
addosso.
La felicità di dividersi l'ultima
sigaretta o un panino comprato
con gli ultimi soldi, usare i cuscini
per una battaglia sul letto e con
sonore risate abbracciarsi
e fare l'amore questa è la
mia felicità personale!

40. Belle parole

Son belle le parole dettate dal cuore,
danno calore, tenerezza, allegria,
esprimono il sentimento d'amore.
Sorriso vivace illuminano gli occhi,
entrano nel profondo dell'anima
e danno conforto.
Leniscono i dolori, rimarginano ferite,
danno speranza aiutano a vivere,
chi soffre d'amore, lasciano
ricordi indelebili, brividi di piacere,
frementi emozioni, uniscono le anime
in corpi uniti, mescolati in colori
in giuste gradazioni, ti brama,
t'illude ti da gioia e dolore.
Sarebbe più bello se oltre
alle parole potessi donarti
coi fatti il mio amore.
nei giorni bui pensando alle
mie parole vedrai il sole che
lenirà le tue ferite le mie
parole placheranno il tuo cuore!

41. Vedo te

Oltre l'orizzonte vedo te,
oltre il mare vedo te,
oltre le montagne vedo te,
oltre le distese di prati infiniti,
vedo te, osservo lontano ogni
istante e vedo te.
nel cuore, nell'anima, nella
mente vedo te.
nella notte più buia, nella camera
scura una piccola luce e vedo te.
Entro nei sogni ha passi felpati,
sulla riva del mare ha scrutare
lontano una lampara, vedo te,
ho chiesto a una gitana di farmi
guardare nella sfera di cristallo,
la guardo e vedo te.
Ma la bruciante realtà e che tu
non sei con me,ma sei dentro
di me Sogno!

42. Tu sei

Se tu mi tieni per mano,
io sarò sicuro di me stesso,
tu sei la mia fonte d'ispirazione,
sei una benedizione che illumina
la mia mente, tu sei l'artefice
della mia passione, tu sei colei
che contiene il mio cuore,
tu sei colei che mi possiede,
la guardiana dei miei pensieri
remoti e futuri, mi agiti, mi
trattieni mi inebri.
Tu sei la bussola del mio
punto cardinale, il tepore
che mi sostiene dal gelo
dell'indifferenza, tu sei il grido
di speranza che ho sempre cercato,
tu sei il viscerale sospiro della vita,
tu sei il vortice dei miei pensieri,
tu sei colei che ha imprigionato
il mio cuore,fonte d'amore!

43. L'amore

Le mie parole sparse al vento,
ognuna prende una strada diversa,
molte sono inascoltate e si
perdono nel limbo in cerca
di qualcuno che sappia ascoltarle,
ma quelle poche parole che
ti arrivano sono le più importanti,
ce ne una in particolare fatta
da cinque lettere dettate dal cuore,
amore.
Essa contiene tutto,nostalgia,attesa,
passione,calore,dolore,ansia.
È quella che tiene svegli la notte,
quella che tormenta il cuore,
quella che dà gioia, quella che fa
piangere,quella che riempie l'anima,
quella che come un chiodo
si fissa nella mente.
È quella che ti solleva come
una piuma al vento o ti spiaccica
come un macigno,è quella che fa
sognare ed è quella che ti fa
soffrire.
È quella che vale la pena vivere
che riempie il vuoto che lascia
la solitudine!

44. Penso

Penso al profumo del mare,
al sussurro delle onde,
a un prato appena tagliato,
a un cuore già spezzato.
Penso alle tue labbra così
vellutate, alla tua pelle
sensibile al calor del sole.
Vorrei fidarmi del tuo cuore
se tu me lo mostrassi,
vorrei fidarmi della tua
anima se tu me la offriresti,
vorrei egoisticamente averti
in esclusiva se solo tu lo volessi.
Aspiro avidamente la tua costante
presenza, ma non ci sei ed io
mi affanno nell'attesa.
Vicino all'antico camino
accovacciato guardo
la brace ardente e penso
al mio cuore che brucia
nell'ardente passione
mendicando il tuo amore!

45. Ascolta il tuo nome

Ho raccolto le note della natura
e ho impresso il tuo nome,
ascolta le onde del mare
sussurrano il tuo nome,
ascolta il vento sibila il tuo nome,
ascolta le voci della notte,
bisbigliano il tuo nome,
ascolta gli stormi degli uccelli
cinguettano il tuo nome,
le ho messe tutte insieme,
e ho composto un opera.
La gran maestra della natura,
dirige l'orchestra, con alti e bassi
cantano il tuo nome e raccontano
del mio amore dove le odi
sono sparse al vento.
Nel frastuono del silenzio,
ascolta il mio cuore,
ti sta chiamando : amore :

46. Una vita dentro di te

C'è una vita dentro di te,
lui cresce pian piano,
nel tuo grembo si muove
e scalcita, il cuor tuo
s'intenerisce, cominci
a far progetti, ti provoca
sofferenza ma tu ne sei
felice, forse un po ti spaventa,
ma tutto passa e già
gioisci, accarezzi il tuo pancino,
tranquillo figlio mio sei in buone mani,
il tuo pancino, pian piano
s'ingrandisce, ti senti goffa
e stanca ma già diventi madre
e sopporti sapendo dentro te
stessa che sarà l'amore della tua vita!

47. È puro

È puro il mio pensiero quando ti cerca,
è pura la mia passione quando ti ama,
è pura la mia anima quando si unisce
alla tua.
Ho sempre un sorriso da
donarti, ho sempre il mio cuore da
mostrarti, e se nei tuoi occhi scorgo
un velo di tristezza, la in umido
con le mie labbra e la spazzo via.
I tuoi occhi riprenderanno a brillare,
il mio sorriso, le mie battute,
sconfiggeranno il tuo dolore.
È pura la mia sete che ti brama,
è pura la tempesta nel mio cuore
quando sei lontana, è pura
la dolcezza delle mie parole
come son tenere le carezze
delle mie mani.
So che non mi appartieni,
ma spero ardentemente, che
la purezza del mio cuore, ti possa
portare il calore del mio amore,
che se pur lontana, nei momenti
di silenzi potrai sentirlo nel tuo cuore.

48. L'epicentro

Sei tu l'epicentro delle mie emozioni,
lettere d'amore racchiuse nel mio cuore,
mai svelate, assorbite dalla mia anima
fin quando sei arrivata, il fascino delle
tue parole hanno scardinato il mio cuore,
Rendendo libere le mie emozioni.
La mia vita solitaria, il mio cuore gelato,
deserto inesorabile di sentimenti
assopiti nella mia anima perduta.
Hai scavato con dolcezza, hai
respirato la mia segretezza,
hai messo a nudo la mia anima,
hai liberato i miei sentimenti.
Le parole di astio son diventate
parole d'amore, le mie lacrime
son diventate perle di luce
e destrezza nel proferire
parole d'amore.

49. Confusione

La testa intricata, confusa, incasinata,
mille pensieri la sovrastano,
parole ripetute al vento,
scritte su un foglio d'argento
al lume di una candela fosforescente.
La neve volteggiando nell'aria,
scendeva pian piano e da verde
la terra s'imbiancava come i
Miei capelli canuti e stanchi.
La mia anima è lenta, non ha fretta,
perché è eterna come la tua
è cerca insistentemente
di congiungersi e incastrarsi
con la tua, per riportare quella luce
ormai assopita a splendere
nella buia notte, emozionati
da una ricca fusione, di
due anime ritrovate.

50. Attimi d'incanto

L'amore esiste in tutto ciò che vedi,
in tutto ciò che senti, ascolto la musica
col cuore e con l'anima.
Leggo poesie emozionanti,
lì piango le lacrime altrui,
piango per ciò che mi trasmette
quella musica, quella poesia.
A volte con invidia per ciò che
avrei voluto, o l'amore accattivante
che avrei voluto Resta soltanto
l'illusione, i sogni, le emozioni,
sfumature di un attimo svanito
in un sogno lontano senza futuro.
Riposa o mio cuore trasportato
dalla musica, imprigionato dalle
parole, emozioni di un attimo
d'incanto che fan sognare
di averti accanto ascoltando
adagio per dirti quanto ti amo.

51. L'emozione

L'emozione ti prende la gola,
la voce è smorzata non riesci
a proferir parole, avrei tante
cose da dire.
Il cuore attanaglia la gola,
il volto diventa rosso,
balbetti.
L'anima è impaurita,
Il sibilo della voce così lontana
dalle labbra, il martellare del cuore
si sente a distanza, intorno a noi
è cupo c'è solo un silenzio assordante.
Scorrono nella mente parole
che vorresti dire tutte d'un fiato,
ecco un rumore mi fa trasalire
e per un attimo mi distrae.
Il profumo che emani mi stordisce,
mi fa andare in estasi, la sensazione
di sgomento si impadronisce di me,
vorrei sciogliermi come neve al sole,
finalmente trovo la forza per dirti
due sole parole < ti amo>

52. Notte di quiete

Quella notte di luna piena,
così quieta, come un randagio
camminavo per i viottoli del
paese, mi trovavo a tirar calci
a una latta, coi pensieri che
Ronzavano nella testa.
Rotolava disordinata come
il pensiero del tuo nome
che mi assillava, non avevo
niente di te solo il tuo nome
e il tuo volto nel cuore.
Una lacrima rigava il mio
volto, il freddo pungente
la trasformava in chicchi
di sale, al chiarore della luna
brillavano come perle levigate.
Non ho potuto amarti ieri,
oggi che ti amo non ha senso,
aspettando l'alba del domani,
chissà se avrò speranza.
Non rimpiango il passato,
ma spero nel futuro in un
tuo sguardo carico d'amore
che mi riscaldi il cuore.

53. Sognando

Mi sono rifugiato sotto le coperte,
dove i miei pensieri nascosti
si tramutano in sogni,
in un mondo ricco di fantasia.
Germoglio di un anima innamorata in un
giardino proibito dove il profumo
dei fiori si mescola con una
musica celestiale, infinita,
fatta di sussurri e sospiri
di amanti senza tempo.
Lì mia diletta ti ho fatto mia,
dove nessuno ce lo poteva
proibire, sotto un albero
di arancio in fiore e il suo
profumo ci inebriava nel
contatto d'amore.
Avevo tra le mani la tua
essenza tutto nel sogno,
mi sembrava uno stupendo
sogno ma il giorno ingrato
mi ha svegliato!

54. La mia anima

Anima mia percossa dalla vita,
cosi sbiadita, così tradita,
Strillavi cercando la quiete.
Io non ascoltavo ormai
rassegnato dall'inutile vita,
ingabbiato da una solitudine
sempre più aggressiva.
Poi sei arrivata tu come
un tuono nella notte,
sfioravo le tue parole,
è più ne apprezzavo il sapore.
I silenzi dispersi accorrevano
come lampi nel buio illuminando
la mia anima guarendo il mio cuore,
i sussurri nella notte diventavano
musica, le sfide a scopa
diventavano occasioni
per averti vicina con il cuore.
La mia anima ha ripreso colore,
si è rinvigorita grazie
al tuo amore.

55. Tu non ci sei

La testa è in tumulto, mille domande
senza risposte, il cuore in pena
come un fiume impazzito dalle
rapide, i miei pensieri s'inseguono
come le nuvole nel cielo e ti
trascina nello sconforto
di una tempesta annunciata.
Il ricordo di una sera svanisce
pian piano, il mio sorriso si affievolisce
nell'ombra del ricordo.
Tanti perché, nessuna risposta,
sei sparita, tu non ci sei,
chiudo gli occhi e vedo
il tuo volto avvolto nella nebbia
che svanisce ricca di un
illusione concepita dal remoto
tempo in cui c'eri, tra grasse risate
di battute spiritate.
Annaspo nei ricordi di un mare
assai profondo e cerco la speranza
che mi sostiene, ma tu non ci sei!

56. Segreti svelati

Non avevo intenzione di parlare,
ma nutrisco per te una forte
simpatia, sento profondamente
di potermi fidare, forse perché
il mio cuore è già tuo, quindi l'ho
aperto di tutti i miei segreti.
Ho sanguinato per troppo tempo
senza farmi accorgere, ho vissuto
per troppo tempo il mio dolore,
ho rimurginato nel freddo dell'inverno,
ho lacrimato nascosto nel sudore
del caldo dell'estate, ha mai
nessuno ho dato l'opportunità
di leggere dentro di me.
La mia anima urlava, ora
si è quietata, durerà poco non
lo so ma un' ancora l'ho trovata
e lì mi sono legato.
Sei arrivata sull'uscio della mia tristezza,
solitaria e desolata e l'hai
debellata con magica luce
dando all'anima il suo splendore,
dando al mio cuore la speranza
del vero amore.
Le rughe del mio cuore le hai
livellate con petali vellutate
ora batte senza dolore e
senza affanni.

57. Ho scritto il tuo nome

Ho scritto fiumi di parole
dedicate a te mio amore,
ogni parola era dettata
dal cuore ogni rigo era riempito.
Ho scritto il tuo nome sulla
sabbia, il mare l'ha cancellato,
ho scritto il tuo nome con petali
di rose, il vento se le portate via,
ho scritto il tuo nome sul cristallo
dell'auto, la pioggia l'ha cancellato,
ho scritto il tuo nome con l'inchiostro
su un foglio, le lacrime l'hanno
cancellato.
Ho chiesto come potevo fare
tra sussurri di gabbiani
e di pettirossi mi han dato
la soluzione, ho scolpito
il tuo nome sul mio cuore
e lì è rimasto mio unico amore!

58. Mi sento vuoto

Non so perché ma mi sento vuoto,
qualcosa mi rende triste e conosco
il motivo, quando non ci sei, mi
manchi come l'aria che respiro.
Il tormento e la passione mi
attanagliano l'anima, sussulta
il mio cuore quando ci sei,
gode di piacere la mia anima.
In quel magico sogno che
ogni notte mi prende, lì
ti trovo, le mie emozioni
sparpagliate al vento come
fiocchi di neve in una tormenta.
Lo spazio di tempo ci circonda
e in quel sogno ho ballato
fino allo sfinimento ma,
il tempo era infinito nel silenzio.
Del godimento, mi sveglio sudaticcio,
mi chiedo ogni momento,
dove sei dolce tormento!

59. Dietro uno schermo

Nascosta dietro uno schermo,
leggi lo scritto del mio cuore,
la tua maschera nascosta non
tradisce i tuoi sentimenti, non
penso siano sentimenti d'amore
bensì, sono profondi pensieri
d'amicizia.
Una linea sottile ci lega, dovuta
alla sintonia di pensieri tra noi,
può essere una folata di vento,
può essere il riparo di ogni momento.
Dietro quel triste paravento,
lavoro con la mente, immagino
le tue espressioni, i tuoi sgomenti,
le tue gaie risate, la tua dolce
tenerezza e mi rammarico ogni
momento.
Come una farfalla vorrei volare,
venirti vicino, guardare i tuoi occhi,
l'espressionismo del tuo viso,
i tuoi turbamenti, le tue emozioni.
Ogni volta che leggi un mio rigo,
guardare i tuoi occhi quando si
riempiono di tenerezza oppure
quando sei stizzita, allora si saprei
leggerti nel cuore!

60. La tua tristezza

Quella leggera brezza che accarezzava
il tuo viso, era il mio alito intermittente,
l'impronta che hai lasciato sul mio cuore,
lo deposto in una ampolla e lo coperta
con lacrime d'amore, nelle notti buie
e senza tempo, ho ascoltato il tuo silenzio,
nel suono della mia anima, ho interpretato
il tuo silenzio, ho raccolto la tua tristezza
e ne ho fatto carico, le ho sfiorate con
delicatezza, le ho accarezzate e gli ho
donato un sorriso, la tristezza era smarrita,
pian piano l'ho modellata fin quando è
sparita lasciando la serenità, fluttuando
nel tuo silenzio te l'ho restituita arricchita
dal mio amore, per svegliare il tuo cuore
martoriato, riprendendo pezzi d'anima
persi per strada, l'ho ricomposta e te
lo donata illuminata da una ricca
emozione che si chiama amore!

61. Prego

Ho smesso di scrivere, ho cominciato
a pregare pensando al tuo dolore,
una goccia fa capolino, vorrei
trattenerla ma, cade sul foglio bianco.
Il tramonto si perde all'orizzonte,
sogno il tuo viso e soffro il tuo
silenzio, nell'attesa di sapere se
tutto è andato bene o sei ancora
nella tormenta.
In questo momento, vorrei
mettere le ali al mio pensiero,
libero da impedimenti, valicare
ogni confine e raggiungerti
per dirti ti sono vicino.
Vorrei essere lì con te con braccia
larghe pronte ad abbracciarti,
darti un po di conforto, sospirarti
parole di sollievo.
Darti rifugio e darti la pace
nel cuore ma nonposso,
allora prego che al mio
posto venga dio a darti conforto.

62. Ci sei tu nel mio cuore

Ogni goccia che cade dal cielo,
fa germogliare l'amore in ogni
cuore, lo innaffia e lo fa crescere
rigoglioso.
Ogni stella che si accende,
e un nuovo amore che nasce è la sua
luce lo illumina sempre di più.
Ogni fiore ha il suo profumo,
inebriando e avvolgendo due cuori
che si amano.
Ogni volta che la brezza ti accarezza,
e chi ti ama che ti sta pensando.
Ogni volta che senti da lontano
il tuo nome, è stato affidato al vento
dall'amore che ti chiama.
Ogni volta che entro nei tuoi sogni,
senza fare rumore e per sussurrarti
quanto è grande il mio amore.
Ogni brivido che ti arriva è il mio
pensiero affidato alle onde
magnetiche per ricordarti
che nel pensiero più remoto,
ci sei tu nel mio cuore o mio
dolce amore!

63. Perché

Perché dovrebbe battere il mio cuore
se non ha il privilegio di unirsi al tuo?
La mia anima brucia al solo tuo pensiero,
la mente calpesta la ragione, le mie
labbra non potranno sfiorare le tue,
le mie mani non potranno accarezzarti,
i miei occhi non possono vederti.
Eppure la mia anima non si arrende,
continua a cercarti, amare non è
un errore se pur non corrisposto
apre il cuore e la mente, vivi
un'altra vita piena di colori
e profumi, vivi in un mondo fantastico,
in un sogno , dove è tutto
tuo perfino la tua anima colma d'amore.
In un mondo di rumore sentirai
il mio richiamo ed io vedrò il tuo
volto colmo d'amore,
un solo attimo d'amore riempirà
un eternità di gioia.
L'amaro destino è tutt'altro che
un sogno, sono lacrime cocenti,
nel cuore martoriato è rimasto
solo una luce di speranza che
torna a dirti ti voglio bene!

64. Due cuori, un'anima

Appena sveglio ti stringo forte a me e
sento forte il battito del tuo cuore.
La tua voce è un armonia di suoni al quale
non saprei rinunciare perché sei mia,
come io sono tuo.
Ovunque tu sarai io ci sarò, mi sento
perso senza di te tu sei la mia guida
nel cammino della vita.
Quando la cattiveria del mondo non
potrai sopportare, rifugiati tra le
mie braccia ti darà sicurezza.
Se mi sentirai distante, non chiedere
dove sono perché sono accanto a te
ogni istante.
Tu sei mia come io sono tuo, ti porterò
lontano dal mondo dove i sogni
diventano realtà.
Ha volte ho paura di perderti, ma
ho fiducia del nostro amore,
lo capisco dal tuo sguardo carico
d'amore per me e la sensazione di perderti,
svanisce come nebbia al sole.
Perchè sei mia come io sono tuo,
due cuori un anima avvolti tra le spire
dall'amore.

65. Lacrime d'amore

Due piccole perle son rimaste
dai tuoi occhi socchiusi, io le ho
prese e le ho messe in un anfora
che ho sigillato.
Le ho conservate come gioielli
preziosi, ricche d'amore e di gioia.
ogni tanto le stringo al cuore
perché sono ricche d'amore,
sembrano stelle luminose
che irradiano calore.
Sono senza parole ma ascolto
il suo grido, poi si azzittisce
sapendo che sei nel mio cuore.
Si piange sempre di dolore,
ma queste son lacrime di gioia,
lacrime d'amore!

66. Oltre il tempo

Oltre il tempo vorrei viaggiare,
tornare alla verde età per poterti
incontrare, mutare il tempo per
una vita speciale al tuo fianco.
il mio corpo ha preso il percorso
del declino ma il cuore è assai
di valore.
Mi perdo nel pensiero del tuo seno,
nel volto tuo assai sereno.
Qualche ruga ha fatto capolino,
La mente assai lucida con arte
il mio cuore sa guidare, l'eleganza
del mio amore.
Oltre il tempo vorrei viaggiare
per poterti poi donare la presenza
di un sogno che si avvera, il mosaico
di una vita da percorrere insieme.
Il tempo sarà lungo? Sarà breve?
Saranno attimi di felicità che
serviranno nei momenti di solitudine
a farci star bene.

67. Due anime gemelle

è tutto buio, ma c'è un faro nella
notte che mi sostiene, il silenzio
che come un forte tuono si fa
si fa sentire.
Tra lo spazio dell' infinito, rimane
scolpito il tuo sorriso, una fiammella
nel buio che mi guida verso una luce
limpida.
Un tuffo nei tuoi occhi verdi scuri
così profondi come la profondità
del mare, che porta oltre il cuore,
nella profondità dell'anima colma
d'amore sommerso.
Ci aspetta ben oltre la vita terrena,
potremmo non incontrarci più,
viviamo fino in fondo senza timore,
nelle notti piene di stelle,
tra il firmamento e la via lattea,
le nostre anime s'incontreranno
ancora, benedette dal signore.
Due anime gemelle si sono incontrate
tardi ma in un'altra vita ti riempirò
di baci e non ti lascerò più andare.
Quando sarò al suo cospetto,
pregherò dio di aspettarti,
mano nella mano percorreremo
un'altra vita, sarà dritta, tortuosa,
la percorreremo insieme ricca
del nostro amore.

68. Sei dentro di me

Sei entrata nei miei pensieri silenziosamente,
non riesci più a uscirne, sei diventata
prigioniera nel mio cuore.
Sei dentro la mia anima chiusa in una
gabbia dorata, hai dato vigore ha un
cuore colmo di cicatrici, come un
fuoco dentro mi dai calore.
Tu dolce musa ispiri alla mia mente,
parole dolci togliendo ogni tormento.
sembra una canzone d'altri tempi,
melodiosa ad ogni suo acuto,
come un soffio nella nebbia che fa
diradare portando il sereno.
In quegli occhi verde scuro, così
profondi, vorrei perdermi, perchè
lì vorrei rimanere in balia della
tua anima prigioniero del tuo cuore.
Le tue mani affusolate così gentili
quando sfiorano il mio viso, le tue
labbra così carnose, sensuali,
vellutati i tuoi baci dolci come il miele.
Addormentarmi sul tuo seno,
sognare insieme a te un mondo
tutto nostro un mondo migliore
dove perdersi nell'amore.

69. Vorrei...

Vorrei abbandonare il mio corpo ,
con la mia anima volare da te,
attraversando cieli infiniti,
campi di grano, boschi e vallate.
Vorrei volare da te attraversando
mari impetuosi, cime di montagne,
campanili e chiese rasentando
grattacieli e nuvole stizzose.
Quel bramarti mi fa correre
nei sogni come una lepre nei campi,
vorrei curarti col mio amore
quando stai male, coccolarti
quando sei triste e stanca,
gioire con te nei tuoi momenti belli.
Tra dolci respiri e battiti di cuore,
vorrei donarti il mio amore.
Vorrei starti accanto ogni istante,
vorrei che la mia anima ti sussurrasse
ogni momento quanto ti amo
e ti tenesse stretta per non farti
andare via. vorrei...........

70. Il mio dono

Dolce mia diletta, che danzi tra
le onde del mare che lambiscono
la sabbia dorata, stasera voglio
farti un regalo, qualcosa di prezioso.
Non è oro, gioielli o fiori, è qualcosa
di più prezioso.
è rugoso dovuto alle cicatrici della
vita, e colmo d'amore pronto a esplodere
per te, ti sembrerà sciocco ma è
romantico.
Tu trattalo bene, amalo, coccolalo,
vedrai che le cicatrici spariranno,
diventerà luminoso, pieno di calore.
Ti starà vicino quando soffri,
ti asciugherà le lacrime quando
piangerai, ti farà compagnia quando
ti sentirai sola, ti amerà come nessuno
al mondo.
Custodirà i tuoi segreti come un forziere,
sarà tuo complice nella vita.
mi stai chiedendo cos'è questo dono?
è il mio cuore amore!

71. Noi due soli

Siamo qui sulla sabbia dorata
in riva al mare noi due soli,
attorniati dal buio, illuminata
dalla luna piena, circondata
da stelle che ritmicamente,
si accendono e si spengono.
sembrano così vicine quasi
da poterle toccare.
L'andirivieni delle onde,
creano uno sciacquio come
una musica, eterna di millenni.
I nostri cuori accompagnano
in sincronia col loro battito,
quella dolce melodia.
La magia della notte in riva
al mare, incanta la nostra poesia,
chiudiamo gli occhi, mano nella mano,
ci sentiamo avvolti e leggeri come
piume ci sembra di volare, presi
dal vortice magico del momento.
I baci si susseguono, il respiro si
fa affannoso il piacere condiviso
ci porta all'oblio dell'amore.
Abbracciati sulla spiaggia la brezza
ci carezza, il sole fa capolino
all'orizzonte, comincia ad arrivare
gente, la magia si disperde!

72. Ti aspetto

Tra spazio e tempo in mezzo vorrei
trovare un attimo per poterti
parlare, ti aspetto ogni istante
della mia vita, l'ansia mi divora,
e continuo ad aspettare.
Ogni mio saluto che ti lascio,
vorrebbero dirti migliaia di dolce
parole, ma quando ci sei, mi blocco.
Rimane il silenzio, la paura di sbagliare
mi sopprime così mi fermo a due parole,
" ti amo" sono parole buttate al vento
lo so, se tu mi amassi come ti amo io,
mi cercheresti in ogni momento
libero.
Non posso darti torto, c'è una voragine
lunga trentanni che ci divide, ed io devo
farmene una ragione.
Dialogare con te o giocare mi fa felice,
spero vivamente che tu non hai paura
dei miei sentimenti, sono puri e innocenti,
anche se a distanza, vorrei averti
sempre vicina perché in due parole
" ti amo"

73. Sete di te

Ho tanta sete, solo tu mi dissetti,
con te divampo nel fuoco della
passione, mi nutro della tua dolcezza,
vorrei dedicarti il canto delle
sirene per ammaliare la tua anima
a me cara.
Sei tu la mia favola preferita,
la mia ispiratrice, la mia musica
soave, la poesia della mia vita.
Al posto degli occhi hai degli
smeraldi, di notte si illuminano
e mi indicano la retta via senza
inciampare.
Raccolgo ogni tuo respiro,
ogni tuo battito e ne faccio
tesoro, il mio amore irrequieto
vorrebbe abbracciarti, tanto
stretta da non lasciarti più
andare via.
Il mio cuore così ostinato,
vorrebbe tenerti in un vortice
d'amore, ti desidera più della
vita stessa, ti brama con convinzione
come un neonato, che si attacca
al seno della madre.
Nel deserto della mia vita,
cerco te per dissetarmi perché
non voglio rimpianti.

74. Ciao ci sono

so che questa musica non durerà,
il mio volo sarà irregolare come
quello di un passero spiumato.
Ho visto il sole sparire nel mare,
l'ho visto rinascere all'orizzonte.
Quel tempo è breve, cogli l'attimo
come tutte le cose ci sarà una fine.
Quando ogni giorno ti auguro il
buongiorno,ti chiedo come stai,
attendo pazientemente la tua
risposta.
Dopo il lungo percorso del giorno,
sul letto comincio a pensare e i
pensieri si moltiplicano.
Ti chiedo sempre "ci sentiamo
domani"? Ma se potessi ascoltarmi,
sentiresti la mia voce tremula,
la paura di un tuo diniego, mi
attanaglia la gola.
Quando perdo il tuo contatto,
l'ansia mi coglie e comincio a
star male.
C'è un sottile filo che ci lega,
sarà strano, non mi era mai
capitato è la sintonia che c'è tra noi.
Quando corri tutto il giorno
indaffarata, soffermati un attimo
a pensarmi, io ti percepirò e ne
sarò felice, così sarò sicuro
che mi dirai, ciao ci sono!

75. Voglia di amare

In questi fogli bianchi,
verso fiumi d'inchiostro.
Raccolgo le mie emozioni,
a volte son lacrime, a volte
empatie, a volte passione.
Un giorno le leggerai col
cuore, ben saprai quanto
ti ho amato, hai ravvivato
un cuore malandato,
la voglia di amare ancora.
Mi è rimasto inciso ogni
tuo sorriso, ogni tua parola,
ogni tuo sfogo, ogni tuo desiderio.
Ho intrapreso la strada
dell'amore nel silenzio
di uno spazio senza tempo.
Nella mia arida vita, mi hai
dato lo stimolo per amare
ancora, una ragione per
continuare la strada del mio tempo.
Un giorno ti verrò a cercare,
quando ti troverò, nel rosso
del tuo cuore mi vorrò tuffare.
La mia anima per lungo tempo
assopita del buio aveva paura,
l'amore per te la illuminata
e del buio ormai non ha più paura.

76. Illusione

M'illudono i miei pensieri,
che vorrebbero stare
accanto a te, perché è
il cuore che li tormenta.
Penso al sentimento che
provo per te, che tu non
provi per me, sembra così
reale nei sogni stare insieme
a te, così vivo, che il mio cuore
s'illude sempre più.
Questo pensiero così fisso
mi tormenta, mi fa diventare
debole, rifletto costantemente,
solo nella notte, immobile
come una statua, cercando
di svegliarmi dal torpore.
Cerco di non pensarti,
ma non ci riesco, sussulto
quando ci sei, il buio dentro
di me s'illumina, riportando
la primavera.
Vorrei comprare un po dei
tuoi silenzi, lo sguardo dei
tuoi occhi verde scuro,
i tuoi sorrisi, questa è
la vera sfida che non
vorrei perdere mai.

77. Alla mia età

alla mia età il cuore è impazzito,
il destino sbarazzino si è divertito,
mi ha fatto diventare ragazzino.
Nella mia testa è diventato
un chiodo fisso, eppur non ho
sentito ti amo, la passione che ci
mette il mio cuore, sembra uno
scherzo ma mi consuma.
Una donna mi ha preso il cuore,
sarà la dolcezza delle sue parole,
avere tante cose in comune,
essere in sintonia coi propri
pensieri, fatto sta che il cuore
si è galvanizzato manco fosse
ringiovanito.
Non ho più l'età per correre
dietro alle donne, ma la mente mia,
è piena di pensieri e l'anima mia
si rattrista quando lei non c'è.
Quando la sento, se pur volessi
fare il duro il cuore si squaglia,
cerca tenerezza, un briciolo
d'affetto che mi fa perdere
la testa.

78. Vorrei essere

Vorrei essere uno specchio
per poterti guardare negli occhi,
ammirare quel verde scuro così
profondi da volersi tuffare.
Vorrei essere uno specchio per
poter baciare le tue labbra
così carnose, voluttuose,
di colore vermiglio come
un quadro dipinto.
Vorrei essere uno specchio
per guardare le tue forme
nella tua celata intimità,
guardarti mentre raccogli
i tuoi capelli prima del bagno,
dove l'acqua accarezzerà
dolcemente il tuo corpo.
Vorrei essere uno specchio
per ammirarti nel tuo splendore,
quando sei pronta per uscire
per donarti al tuo amore.
Vorrei essere uno specchio,
sempre a portata della tua mano
quando ti rifai il rossetto
per stampare i tuoi baci.
Vorrei essere il tuo specchio!

79. Alcune massime

Se cogli un fiore, è un sorriso
strappato in un prato.
Se compi il tuo dovere, sei gentile
con tutti, è perché ce l'hai nell'animo,
soltanto chi inganna arriva lontano,
ma quando il vicolo sarà chiuso,
si fermerà e dovrà pagare.
Chi corre veloce, non sentirà mai
il sapore della vita e la contemplazione
della natura.
L'impegno porta sudore, il sudore
ti porta alla conquista dei tuoi sogni.
La forma esteriore, può essere bella,
quella interiore paradisiaca.
La fortuna è cieca, a volte ti è
amica, a volte crudelmente nemica.
Ogni azione ti porta un ritorno,
se un uomo ha donato, raccoglierà
dei frutti, se ha preso restituirà
con gli interessi, perché nella vita,
la moglie del ladro non sempre ride.

80. Solitudine

La solitudine, la tristezza,
l'amarezza in bocca,
lo sconforto dell'anima,
emozioni che fanno star male.
Vorrei parlare con te, ridere
con te, giocare con te,
dividere con te le nostre pene.
Tu ti racchiudi nei tuoi
pensieri, starei ad ascoltare
le tue pene in silenzio,
lasciarti sfogare, toglierti
il peso della sofferenza,
oppure son io che ho
bisogno di te, di sentirti
vicina per non essere
lasciato solo nei cupi
pensieri che mi sovrastano.
Come è difficile essere
capito, intorno a te,
c'è un vuoto, un silenzio
pesante che si perde tra
pensieri e speranze.
Una cappa oscura intorno
alla testa, nessun rumore
nella tempesta, solo il rumore
di una foglia al vento e perdo
invano il tempo ad ascoltare
ogni tuo silenzio.

81. L'amore è sofferenza

Se ami gli animali, soffri se vengono maltrattati.
se ami le piante soffri, se vengono strappati
dal grembo della terra.
Se ami il mare e le sue creature, soffri
quando le vedi boccheggiare sulla riva.
se ami gli uccelli, soffri se gli vengono tarpate le ali.
Se ami i tuoi genitori, soffri, quando vedrai la loro
sedia vuota.
Se ami una donna, soffri quando si allontanerà
da te, quando non ci sarà più dialogo, quando
ti saluterà ogni tanto, quando perderai ogni appiglio.
Ed io soffro ogni istante, ed assaporo ogni mio
tormento, osservando la mia pena che mi logora
ingoiando lacrime nascoste.
Un dolore infinito rotto dal silenzio di un cuore
spezzato, lacrime, cristalli di sale che rigano
il mio viso in una notte buia in domande senza risposte.
Se ami soffri nel dubbio che ti attanaglia la gola,
l'amore è felicità ma, è anche tanta sofferenza
dentro al cuore nel sospiro della vita.

82. Perché sa amare

Colpisco il mio petto così prorompente
dal battito del cuore, che non sa più
trattenere il suo segreto amore.
Vorrei una nuvola per arrivare fino a te,
portarti la luce così densa e abbagliante,
che scivolando nelle vene, ci porta in sintonia
tra due anime gemelle.
I nostri pensieri così evanescenti che brillano
di luce fra le stelle, attraversano il mondo
intero, per unirsi in un abbraccio di una
sospirata quiete.
L'inverno ancor tenace, accorcia gli
orizzonti e più ci si avvicina e più lontano appari,
un groviglio nella mente, così intrecciato,
che porta al cuore di un amante.
Accartocciato in un angolo l'anima mia,
ti ritrovo in un tormento senza il filo
di un sorriso senza spazio e senza tempo.
Resta difficile parlarti, ma il cuore dice
di aspettare, intanto l'anima e depressiva
e tanto fa penare perché sa amare!

83. Sogno di una notte

Placide onde lambiscono la riva,
nella mente ne ascolto il suono,
i ricordi affiorano nel cuore
vecchi discorsi ormai sopiti
di sogni vissuti in una notte.
Galeotta fu quel' attimo
esprimevamo i nostri desideri
raccolti in un unico pensiero.
Si sognava insieme su quella riva,
si giocava insieme, si rideva,
si scherzava, ci si amava.
Tra baci e carezze, abbiamo
tirato l'alba, non c'era nessuno
soltanto tu ed io, seduti
su quella spiaggia a sognare.
La luna complice ci sorrideva,
quasi un anno è passato, il sogno
è svanito, tu sei sparita,
non ci sono domande, non ci sono
perché, solo la voglia silenziosa,
l'attesa, la speranza di riaverti
accanto a me!

84. Frammenti di pensieri

Ti amo come nessuno mai ti abbia
mai amato, cerco di svuotare la testa
dai miei silenzi, che girano e rigirano
nella mente.
Ho paura di non sentirti più, ho paura
nel parlarti, che pena che mi faccio,
vivo nella tua ombra aspettando con
ansia una tua parola, un tuo gesto,
un tuo attimo di pazienza.
Vola la mia anima nel deserto della mia vita,
sulle cime delle montagne si posa
scrutando l'orizzonte, vorrei aprirti il cuore,
come una finestra al sole.
Naufragano i bei momenti che tornano,
rottami di bei ricordi
salvati dall'anima mia in balia delle onde.
Ormai appaio stanco, confuso ed avvilito,
distendo il mio abbraccio sui ricordi
che svaniscono come fumo al vento,
cerco nel mio quotidiano un appiglio,
che man mano si sgretolano frammenti
di pensieri che prendo e riprendo
e pian piano si dissolvono tra le pagine
della vita!

85. Il nostro incontro

Già allora sentii il profumo della
tua gioventù e subito capii quanto
ingrato fosse il destino a me
riservato.
Desiderarti ogni momento, bramarti
in ogni istante, mai potrei saziarmi
delle rosse labbra, del tuo
corpo ben fornito, della tua
pelle vellutata.
Il tuo dolce fare, le gaie tue risate,
riportano in me il ricordo
della mia gioventù ormai svanita.
Eppure già d'allora sentivo che
mi mancavi, un atroce sensazione
che mi ha seguito, pesante fardello
della mia vita.
Il sussulto del cuore quando
sei apparsa, attimo di felicità
come un lampo, ma l'anima non
conosce inganni, se pur felice
è al tuo presente lei sà che
non sarai al mio fianco.

86. Occhi chiusi per sognare

Sibila il vento accarezzando la sabbia,
la fa volteggiare nell'aria danzando
in cerchio, le spinge lontano le porta
alla riva lambita dal mare.
Il sussulto dei miei pensieri nel
rumore del silenzio, nell'abbraccio
della notte tutto tace nell'ambizione
dei miei sogni.
Le mie mani bagnate da lacrime sfinite,
l'auspicio che muore e si addolora
di un'anima delusa, vuota e di rancore.
Il cuore retto alla speranza
che non ravviva l'esistenza
del male dove vige la fede
del' amore che nutre con vigore
l'illusione.
Sei qui dolce emozione? Sei qui
dolce rimpianto? Occhi chiusi per sognare,
per bramare, la dolce sensazione
della vita, se pur lontana lei c'è,
lei è mia, questa è la donna mia!

87. Il tuo profumo

Ho aperto la finestra, un raggio di sole
mi ha colpito in pieno viso, una lieve
brezza marina ha inondato le mie narici,
sentivo il tuo profumo e m'inebriavo
di piacere.
Pensavo a te è quel profumo ubriacava
i miei sensi, inspiravo golosamente,
riempivo i miei polmoni, la mia testa,
la tua essenza era dentro di me
e ne gioivo.
Guardavo il mare fissando l'orizzonte,
sperando di vedere il tuo volto
dipinto da nuvole bizzarre.
Chiusi gli occhi e mi addormentai
immerso nel tuo profumo,
abbracciavo la tua anima, scaldavo
la mia anima col tuo calore, tra
quelle spine che facevano da
giaciglio, ti amavo con passione.
Il tuo profumo intenso mi avvolgeva,
dietro al profilo del tuo viso,
i tuoi capelli biondi ondeggiavano
sul mio viso, lievemente mi
accarezzavano, il mio corpo vibrante
si compiaceva e in quel sogno io godevo.

88. Immaginazione

Sento il tuo respiro sulla mia pelle,
mentre ti stringo forte a me.
Il giorno passa con tutte le sue
sfumature, la notte impazzisco
se non ci sei.
La tua bocca così calda sulla mia,
accende i miei desideri, la linfa
che mi trasmette, toglie le spine
dal mio cuore, troppo tempo
conficcate.
Sogno e spero su una realtà
che non esiste, i miei pensieri,
i miei desideri, sono liberi da
catene, da prigioni e tu ne sei
al centro.
Tu mi trascuri, mantieni le distanze
senza motivo, senza un perché,
i miei sogni non si fermano e tu ci
sei dentro.
Di notte sempre vigile in attesa
di una tua semplice parola,
per placare l'anima mia sofferente,
entro nei miei sogni nascosti,
assaporo la tua pelle, i tuoi baci,
e mi convinco che sei accanto a me.
Come fiaccole al vento illumino
la mente ed è fulgida la tua
apparizione,
a tutto questo ho dato un nome,
il tuo " amore".

89. Un cuore chiede una carezza

Mute parole, nel silenzio leggere,
accarezzano il mio pensiero.
C'è un cuore che chiede una carezza,
una parola di conforto, attimi perduti
in un tempo indeciso, batte lento
un cuore irrequieto.
Accoglie un sorriso, col sole caldo
del mattino, una farfalla svolazza
intorno assai minuscola ti sollazza,
rendendo la giornata ricca di poesia.
Vorrei percorrere strade rigide,
ammorbidite, fatte melma, sguazzare
a piedi nudi, col sorriso camminare
su prati verdi, sentirsi i piedi solleticati.
correre su spiagge cocente, spruzzi
d'acqua accoglienti, ma c'è un cuore che
chiede una carezza.
Speranze di vita, concentrato di anima
assopita, mi vivi dentro e non ti vedo,
l'oscurità, il buio, il nulla ormai
concepita un ombra che non si
è mai schiarita.
Tutto probabilmente dipende da te,
la speranza, la vita, il senso dell'esistenza,
una luce nel buio che rallegra,
per questo c'è un cuore che chiede
una carezza.

90. Notti senza senso

Notti senza senso dove il tempo
si consuma nel tormento,
aspetta e ti ghermisce in una
inutile attesa ai confini della notte.
non avrei mai dovuto innamorarmi di te,
ora sono pazzo in una attesa senza
fine.
Quanta amarezza ho dentro questo
cuore, una barca senza timone,
lasciata andare alla deriva
in un viaggio senza meta.
Pensieri senza sentieri, illusioni
di un viaggio senza vento che
mi porta sempre più alla deriva.
Spiaggia desolata, deserta,
piena di detriti perduta nel tempo
alla ricerca di un tuo respiro.
Corteggio nei sogni la magia,
per tirare via la malinconia,
pensavo fosse pioggia ma è
un temporale dove senza te
non c'è riparo.
Con questa nostalgia che mi
tormenta e mesto mi consumo
nelle notti senza senso.

91. Ricamare la tua anima!

Vorrei ricamare con la poesia
la tua anima, adornare il tuo cuore
con le emozioni che solo l'amore sa dare.
Il profumo del mare devi odorare,
addolcite col miele di acacia, sono
le parole che ti voglio regalare.
Vestite con le sfumature della
natura, come un dipinto appena
finito con colori brillanti
alla luce del sole.
Accogli il mio sorriso come
fossi un bambino, innocente
per la sua acerbità, nella vita
è importante come il sole caldo
del mattino, che scioglie le tue
pene portandoti gioia.

92. Pensieri verdi

I miei pensieri verdi, pieni di luce,
mentre cala la notte, si riempiono
di speranza in uno scenario di
allegria.
Una notte ho parlato con te
di un mattino di sole, in una spiaggia
ardente, con sabbia che scorre
tra le dita, come fosse una clessidra.
Mi sento ricco, perché ho qualcosa
di prezioso, la tua amicizia, la tua
fiducia fatta di stima, dove poter
condividere i propri pensieri.
Il nostro tempo, una notte infinita,
così veloce, sfuggente, se fosse
lento lo sentirei passare nervosamente.
La sensazione di averti accanto,
fin quando non arriva l'alba,
guardarsi indietro e sembra
che è stato solo un momento,
l'ora che mi fissa mi reca tormento.
I miei pensieri verdi, emozioni che
si confondono, mentre il tempo va
e va veloce lasciando un po
d'amaro e la speranza di una
nuova notte insieme!

94. Una luce nel buio

Tra le onde delle tenebre,
nel buio della notte, una luce
splendente illumina,
come un faro fosforescente.
Con la tua voce dolcissima
appari, quando già le speranze
erano deluse.
La tua voce invade la mia casa,
risvegliando emozioni assopite,
dolce nel sentore passione
e tormento dell'anima mia.
Le tue parole pure melodie
di luce dove il buio non ha dimora,
avvinghiato in un abbraccio
ardente, sigillo il tuo viso
nel mio cuore.
Tra le tante primavere dei
miei anni, vorrei un'altra vita,
per amarti e sorriderti
senza pensare, ricominciando
insieme a te, luce e guida dei miei
occhi.

95. Attendo

Ho visto foglie morte portate
via dal vento, l'albero ha partorito
nuove gemme, le orme cancellate
dal mare, si sono riformate al tuo
passaggio. son passi diretti al mio
cuore.
Il vento del tempo soffierà per
portarti via, come l'onda del mare
ritorna alla spiaggia, esso ti riporterà
a me.
La luna all'alba si addormenterà,
aspettando la fine del giorno,
ritornerà a splendere come io
attendo te ogni sera seguendo
quel filo d'argento che ci unisce.
La luna nel suo splendore dipinge
il tuo sorriso, per non dimenticarlo
lo chiudo nel mio cuore, ogni volta
mi appare luminoso nei miei occhi
e del suo ricordo mi scalda il cuore.
Se fossi una stella mi vedresti
in cieli sereni, se non mi ami non
mi vedresti, sarei nascosto
ai tuoi occhi, al tuo cuore, ma
il mio cuore non si da pace
e attende.

96. Il sentiero

Ho percorso il sentiero, era sparso
di petali di rose, se pur tortuoso
e irto l'ho percorso per arrivare
al tuo cuore.
La tua pelle intrisa di profumo,
allietava il mio olfatto,
nei tuoi occhi verde scuro,
mi tuffavo per raggiungere
la tua anima, specchio della
vita disseta l'anima mia.
Tra le pieghe della vita,
il tuo nome, il tuo volto,
le tue gaie risate hanno
colmato la mia.
Aleggia il sentimento tra aria
consumata rinfrescata dalla
tua presenza.
Ora il sentiero è finito e aspetto
che il bocciolo sia fiorito.

97. Amore infinito

Un bacio lieve, sussurrato sulla
tua bocca, le tue tenere e rosse
labbra si aprono al desiderio di
amare.
Tutto si trasforma nel mio animo,
il cuore divampa e bagna di lacrime
il mio pensiero ricco di sentimento.
Guardo i tuoi occhi traboccanti
di passione ed io in essi mi tuffo,
come in un mare che mi trascina
nel fondo della tua anima.
Nei tuoi occhi vedo quella perla
di luce così abbagliante che mi
travolge in un abbraccio, l'amore
esulta, diventa più forte e si nutre
del tuo splendore.
Il tuo cuore lo sento battere
a volte leggero calmo, a volte
all'impazzata ad ogni lieve bacio.
Ho lottato contro ogni possibile
tuo rifiuto per averti, per donarti
il mio cuore e tu non aspettavi altro.
Stupido che sono, bastava che
ti guardassi negli occhi, avrei capito
quanto mi amavi, quella lacrima sul
tuo viso diceva tutto, ed io non capivo.
Ora son lacrime di gioia che io raccolgo,
preziose gemme che conserverò
nel cuore.

98. Nei miei sogni

Nei sogni ti cerco ogni notte,
ti trovo e ci convivo in modo
paradisiaco, ci teniamo per mano
o seduti sulla spiaggia ad ascoltare
il mare, il grido stridulo di un gabbiano.
Camminare scalzi su un prato con
farfalle variopinte che svolazzano
intorno danzando al ritmo dei nostri
cuori.
Il canto degli uccelli in una antica
sinfonia allietano i timpani delle
nostre orecchie, il profumo dei fiori,
si mescolano al profumo della
tua pelle e li mi diletto nel recitarti
poesie d'amore a te dirette.
Distesa al mio fianco in un languido
abbandono dei nostri sensi,
il palpito piacere di un istante d'amore,
spira sul fuoco un rapporto angelico,
foriero di un evento sublime.
Crudo è il risveglio nell'inconciliabile
realtà che condanna una sterile
esistenza.

99. Volano i miei pensieri

Io amo te e resto in silenzio, a volte
piango nel vedere prati disseccati,
il tempo gondola ogni qualvolta
il cuore viene a galla.
Volano i miei pensieri, il vento li trasporta
lontano e in modo soave li fa cadere
dove più mi aggrada, lontana che tu sia
come un eco nel tuo sentore arriva.
A volte son sermoni dettati dal cuore,
a chi cerca costantemente il tuo nome.
Apri il tuo cuore come una sorgente
che scorre, portando un onda veloce
e leggera, la speranza di un disegno,
di un antico lamento.
Tolgo dal volto il velo di malinconia,
immetto il piacere dell'amore mio,
annuso pensando a quel vento
che i miei pensieri porta via.
Palpita il vecchio canuto portando
nel cuore boccioli nuovi, vittima
di speranze da tempo sopite.
Abbandona l'ombra dell'animo
inaridito, si affida a te come messaggero
dei miei pensieri, Eolo porta lontano
il malumore, porta da lei il mio cuore.

100. Ti voglio bene

Ti voglio bene per il tempo che
trovi per me, con te ricordo
la mia passata giovinezza.
L'estasi del tuo profumo m'investe
in un abbraccio, nel silenzio dei
miei pensieri.
Il cuscino inghiotte i miei sogni,
a volte perversi, a volte teneri
e sereni.
Così bonaria nell'umore porti
allegria al mio cuore e travolgi
il mio cuore con un'onda di emozioni.
Nella perdita degli interessi si è
vecchi, giovane è chi ancora
ricettivo, con coraggio accoglie
i sentimenti e con esso la speranza
di amare ed essere amato.
Hai destato i miei sensi con dolcezza,
hai colorato i miei sogni d'amore,
hai alimentato il mio cuore, con
il fuoco della passione.
Ti voglio amare senza vincoli,
come due anime in movimento astratte
ad occhi indiscreti nell'intimità
di una realtà nascosta.
Ti voglio bene nel sogno in cui siamo,
nella realtà in cui viviamo.
Grazie!

Finito di stampare nel mese di Luglio 2015
per conto di Youcanprint *Self-Publishing*

www.ingramcontent.com/pod-product-compliance
Lightning Source LLC
Chambersburg PA
CBHW060202050426
42446CB00013B/2951